# 中华大人物
## 文豪才子

陈建洲 等 编写

中国少年儿童新闻出版总社
中国少年儿童出版社
北京

图书在版编目（CIP）数据

文豪才子/陈建洲等编写. -- 北京：中国少年儿童出版社，2024.1
（百角文库. 中华大人物）
ISBN 978-7-5148-8388-6

Ⅰ.①文… Ⅱ.①陈… Ⅲ.①作家-生平事迹-中国-古代-青少年读物 Ⅳ.① K825.6-49

中国国家版本馆 CIP 数据核字 (2023) 第 245140 号

## WENHAO CAIZI
（百角文库·中华大人物）

出版发行：中国少年儿童新闻出版总社
中国少年儿童出版社

执行出版人：马兴民

| 丛书策划：马兴民 缪 惟 | 美术编辑：徐经纬 |
| --- | --- |
| 丛书统筹：何强伟 李 橦 | 装帧设计：徐经纬 |
| 责任编辑：徐 伟 | 标识设计：曹 凝 |
| 责任校对：刘 颖 | 封面图：宣 懿 |
| 责任印务：厉 静 | |

| 社　　址：北京市朝阳区建国门外大街丙12号 | 邮政编码：100022 |
| --- | --- |
| 编辑部：010-57526270 | 总编室：010-57526070 |
| 发行部：010-57526568 | 官方网址：www.ccppg.cn |

印刷：河北宝昌佳彩印刷有限公司

| 开本：787mm×1130mm 1/32 | 印张：3 |
| --- | --- |
| 版次：2024年1月第1版 | 印次：2024年1月第1次印刷 |
| 字数：30千字 | 印数：1-5000册 |
| ISBN 978-7-5148-8388-6 | 定价：12.00元 |

图书出版质量投诉电话：010-57526069　　电子邮箱：cbzlts@ccppg.com.cn

# 序

提供高品质的读物，服务中国少年儿童健康成长，始终是中国少年儿童出版社牢牢坚守的初心使命。当前，少年儿童的阅读环境和条件发生了重大变化。新中国成立以来，很长一个时期所存在的少年儿童"没书看""有钱买不到书"的矛盾已经彻底解决，作为出版的重要细分领域，少儿出版的种类、数量、质量得到了极大提升，每年以万计数的出版物令人目不暇接。中少人一直在思考，如何帮助少年儿童解决有限课外阅读时间里的选择烦恼？能否打造出一套对少年儿童健康成长具有基础性价值的书系？基于此，"百角文库"应运而生。

多角度，是"百角文库"的基本定位。习近平总书记在北京育英学校考察时指出，教育的根本任务是立德树人，培养德智体美劳全面发展的社会主义建设者和接班人，并强调，学生的理想信念、道德品质、知识智力、身体和心理素质等各方面的培养缺一不可。这套丛书从100种起步，涵盖文学、科普、历史、人文等内容，涉及少年儿童健康成长的全部关键领域。面向未来，这个书系还是开放的，将根据读者需求不断丰富完善内容结构。在文本的选择上，我们充分挖掘社内"沉睡的""高品质的""经过读者检验的"出版资源,保证权威性、准确性,力争高水平的出版呈现。

通识读本,是"百角文库"的主打方向。相对前沿领域,一些应知应会知识,以及建立在这个基础上的基本素养,在少年儿童成长的过程中仍然具有不可或缺的价值。这套丛书根据少年儿童的阅读习惯、认知特点、接受方式等,通俗化地讲述相关知识,不以培养"小专家""小行家"为出版追求,而是把激发少年儿童的兴趣、养成正确的思考方法作为重要目标。《畅游数学花园》《有趣的动物语言》《好大的地球》《看得懂的宇宙》……从这些图书的名字中,我们可以直接感受到这套丛书的表达主旨。我想,无论是做人、做事、做学问,这套书都会为少年儿童的成长打下坚实的底色。

中少人还有一个梦——让中国大地上每个少年儿童都能读得上、读得起优质的图书。所以,在当前激烈的市场环境下,我们依然坚持低价位。

衷心祝愿"百角文库"得到少年儿童的喜爱,成为案头必备书,也热切期盼将来会有越来越多的人说"我是读着'百角文库'长大的"。

是为序。

马兴民

2023 年 12 月

# 目　录

1　屈　原

18　李　白

36　杜　甫

56　白居易

71　苏　轼

# 屈 原

(约前340—前278)

屈原,战国时期楚国诗人、政治家。自小博学多才、立志报国。早年受楚怀王赏识,兼管过楚国的内政外交。后因主张改革遭贵族排挤,被楚怀王放逐。他流浪中听说楚国都城郢城被秦军攻破,万分悲痛,投汨(mì)罗江而死。屈原是一位伟大的爱国诗人,他的诗,想象丰富,辞藻瑰丽,洋溢着炽烈的爱国之情。他创立的"楚辞"文体,开启了我国浪漫主义文学的篇章,《离骚》是他的代表作。

## 见楚王

长江,过了三峡以后,像万马奔驰,巨浪翻腾,咆哮如雷,滚滚东去。战国时期的楚国,就占据着长江两岸广阔的土地。屈原热爱自己的家乡,满心希望楚国繁荣富强。

屈原从小刻苦学习,读了许多书,知识很渊博;他有远大志向,决心报效国家,为楚国的强盛出力。有一次,他接到了国王的命令,要他到都城郢城去做官。想到国家的事,屈原又喜又忧。喜的是,楚国土地宽广,物产丰富,农业和手工业都比较发达。忧的是,国君楚怀王是个糊涂虫,他身边又有几个奸臣,尽给出歪主意,弄得他糊糊涂涂的。

到了郢城,屈原拜见了楚怀王。初次见面,屈原就向楚怀王陈述了自己的主张。屈原说:

"大王，当今七国之中，西方的秦国，东方的齐国，还有我们楚国，是最强盛的。可是，秦国如狼似虎，野心很大，总想着吞并其余六国。我们楚国面临着危险啊！"

楚怀王高傲地说："我们楚国地大物博，兵多将广，有什么可怕的？"

屈原见楚怀王盲目自大，更加忧虑，又对楚怀王说："秦国惯于挑拨离间，各个击破，想一个一个地吃掉六国，我们楚国的西面和北面，都受到它的威胁。以臣之见，我们应该联合齐国，共同抵抗秦国的侵犯。这样，我们楚国就没有危险啦！"楚怀王听屈原讲得有道理，点头表示赞赏。接着，屈原又说："要对付秦国，我们不仅要联合齐国，本国之内，也要加强团结，富国强兵，这就要进行改革，限制大官和贵族的特权，重用有德有才的人。靠这些人辅佐大王，楚国才能一天天强盛起来。"屈原这番话，说得楚怀王满心欢喜。楚怀王当即封屈原当了左徒（官名），让他参与国家内政和外交大事。

由于屈原的改革主张触及了旧贵族的利益，上官大夫经常到楚怀王那里进屈原的谗言。糊涂的楚怀王听信了上官大夫的话，对屈原就冷淡了。屈原的壮志化为泡影。

## 到齐国去

后来，楚怀王被秦国丞相张仪欺骗，不仅与齐国断了交，还使楚国吃了秦国的大亏。他后悔没听屈原的话，于是决定重新重用屈原。他派屈原出使齐国，恢复齐楚联盟，共同对付秦国。这是很困难的任务。因为楚怀王背信弃义，齐王还在生气哪。但是，为了国家的利益，屈原毫不计较个人恩怨，立刻动身，出访齐国去了。

秦王和张仪听说屈原去了齐国，连夜商议对策，想赶到屈原到达齐国之前，派使者到楚国糊弄楚怀王。秦国使者到了楚国，对楚怀王说："为了秦楚友好，我们大王决定把汉中一半土地归还楚国。"楚怀王还在生气，愤愤地说："我不要土地，我要张仪的脑袋！"

使者回报秦王，秦王坚决不肯交出张仪。张仪却说："楚王要我的脑袋，就让我去吧！"

秦王为张仪的安全担忧。张仪把想好的主意向秦王一说，秦王才放心了。张仪刚踏上楚国的土地，就被关了起来。楚怀王下令，要用张仪的脑袋祭奠阵亡将士。

这时候，屈原已经到达齐国，费尽唇舌，终于说服齐王同意恢复两国联盟。屈原担心秦国再从中破坏,决定尽快返回楚国。张仪在狱中,按事先想好的计谋行事。他首先是买通狱卒,捎信给楚国大臣靳尚,让靳尚想办法救他。靳尚去找楚怀王的宠妃郑袖,对她说:"大王要杀死张仪,秦王要用美女赎回张仪。如果我们大王真的娶回了秦国美女,您可就没有好日子过啦!以臣之见,您赶紧劝说大王,把张仪放了。张仪感谢您救命之恩,就会劝秦王不送美女,您还是照旧独享尊荣。"

郑袖听了靳尚的假话,靠甜言蜜语说得楚王变了主意。张仪连夜离开了楚国。

屈原回到郢城,听说张仪果然来了,顾不得喘息,立即求见楚怀王,说:"大王,齐王已同意恢复两国联盟,共同抗秦。可我听说,张仪又来捣乱,您应该赶快杀了他!"

楚怀王吞吞吐吐、犹豫不决。屈原着急地

说:"您可千万不能犹豫。如果放走张仪,齐王就会怀疑我们。秦国再来攻打,我们就孤立无援啦!"

楚怀王一下子明白过来了,连忙派人去捕杀张仪。可是,狡猾的张仪在靳尚和郑袖的帮助下,早就悄悄地溜回了秦国。齐王得知楚王放走张仪,怀疑楚怀王居心不良,对楚国十分冷淡,齐楚联盟名存实亡了。

## 流放写《离骚》

过了些年,秦国又用重金贿赂楚国。贪图小利的楚怀王又忘了以前的教训,和秦国打得火热。屈原几次劝他别再上当,楚怀王听得厌烦极了,索性免了屈原的官职,让他离开都城。

屈原被流放到汉北(在现在湖北省)一带。他满腹含冤无处诉说,心中万分苦恼。他的不

平、愤恨,只有在自己的诗歌中发泄。他写的诗歌一篇接一篇。在一首诗歌中,他写道:

心郁郁之忧思兮,独永叹乎增伤。
思蹇产之不释兮,曼遭夜之方长。

这就是说:我心里充满了忧愁,孤独地感叹哀伤,一直也想不通这是因为什么,黑夜这么长。

屈原在流放中,写出了他一生最伟大的作品——《离骚》。这首诗歌一共三百七十三句,是一首长篇抒情诗。他在诗中勇敢地揭露了统治者的黑暗,愤怒谴责了贵族官僚们残害忠良的罪行,表达了自己无限热爱祖国的情感。这篇不朽的作品,词句优美,气势宏大,集中体现了屈原的爱国思想。

这首诗歌中,有一段写了这样一个故事:屈原乘着龙马驾的车,在太空遨游,他要离开人世间,升上光辉的仙界。忽然他又回头看到了自己的故土,自己的祖国,顿时热泪盈眶,产生了恋恋不舍的心情,连车夫和马都低下头不肯再往前走。这是多么深厚的爱国情感啊!

诗歌中有很多名句,被后人传诵,如:

路曼曼其修远兮,吾将上下而求索。

在这首诗歌的最后,屈原表示,如果他不能改变楚国的命运,只有投河自尽,以死报答自己的祖国。屈原在汉北被流放了好几年,因为楚国和秦国又闹翻了,楚怀王想起屈原抗秦的主张,又把他召回了郢城。

后来楚怀王不听屈原的忠告,中了秦昭王

的圈套前往武关会盟,最终悲惨地死在秦国。

## 又被流放

过了些日子,楚怀王的尸体被运回楚国。当灵车进入楚国的时候,成千上万的百姓夹道痛哭。秦国的行为激起了楚国人民的愤怒。楚怀王的儿子楚顷襄王,如果利用这个机会出兵攻打秦国,为父亲报仇,是有希望获胜的。

这时候,屈原更是怒火满胸膛。他想:大王上当受骗,是因为听了子兰和靳尚的胡说,是因为中了张仪的诡计,应该严惩内奸,外联齐国,为楚怀王报仇。屈原就把自己的想法写成奏章,递交给宫廷。不料,他的奏章落在子兰、靳尚手里。一场新的灾祸降落在屈原的头上。

秦国正秘密策划新的阴谋,派人买通了子

兰和靳尚，让他们阻止楚王复仇；同时给楚王写了一封信，答应把秦国的姑娘嫁给他，两国永远结成盟友，否则就派白起出兵消灭楚国。

子兰、靳尚得到了秦国的好处，甘心为敌人效力。他们一方面唆使顷襄王和秦国结亲，一方面陷害屈原，对顷襄王说："屈原在背后骂大王不为父王报仇，是不忠不孝呢！"

楚顷襄王和他父亲楚怀王一样糊涂，听了这话就生了气："这种人，我怎么能重用！快让他走，走得越远越好，永远不许他回来！"

屈原被免去了三闾大夫的职务，赶出了郢城。又一次受到沉重打击，他绝望了，年近五十的屈原，由于忧伤过度，头发全白了，像个年迈体衰的老人。他淌着悲伤的泪水，拖着沉重的步子走出郢城，走向了萧条荒凉的远方。

## 向天发问

屈原在南方过着流浪的生活。他想不通,为什么自己忠心耿耿,却被君王猜疑,被坏人诽谤?为什么自己一心要让楚国强盛,却一次又一次遭到打击,没有机会发挥才能?一次,他遇到掌管占卜的官员,就问他:"我现在这个样子,该怎么办才好?是保持自己的清白好呢,还是和他们同流合污好呢?请你给我算一卦吧。"

那个官员想了想,也没办法,笑了笑,回答说:"你问的这个,我算不了。占卜也不是都灵通。你凭良心做事就是了。"

屈原的问题没人能回答,他更加苦恼。于是,他写了一篇文章,叫《天问》。他向天一口气问了一百七十多个问题,有天上地下的自然现象，有历史上的不解之谜，有自己的心中疑问……开天辟地究竟是怎么回事？白天黑夜不停交替是因为什么？天有多大，顶在哪儿？地有多长，系在什么地方？江河为什么往下流？大海为什么流不满？夏朝为什么灭亡？纣王为什么那么残暴？历史上为什么有兴有亡？

屈原的思想上天入地，发挥着自己的想象，发出自己的疑问。这些问题，在当时没人能回答。他仍然苦恼着。

## 国破家亡

又过了好多年，屈原在流放中，听到了不幸的消息：秦国派大将白起来攻打楚国。白起用河水淹没楚国的城池，十几万楚国军民被活活淹死，全城漂浮着腐烂的尸体……第二年，秦国又要来进攻楚国的都城郢城了，楚国境内到处是逃难的人群。屈原夹在逃难的人流当中，拼命向郢城奔去。他想劝说楚顷襄王，坚决抵抗秦军。可他到郢城一看，顿时天旋地转，心都凉了。

郢城又叫纪南城。以往的街市上，商业昌盛，客旅如流，人们又叫它"挤烂城"。可是现在的郢城，冷冷清清，一片萧条。原来，顷襄王和他的亲信们，闻风丧胆，早被秦国的大军吓跑了。屈原跺脚长叹，只好随着逃难的百姓离开郢城，渡江南逃。秦军没费一刀一枪，占领了楚国的京城。

当郢城失落的消息传到江南的时候，屈原已经流浪在湖南的湘江和汨罗江一带。国破家亡的灾难，使他肝肠寸断，痛不欲生。他面向郢城，放声大哭；他踉踉跄跄，到处奔走，一边走，一边诉说着满腔的悲愤。他远望着郢城的方向，写下《怀郢》这篇有名的诗。其中有两句是：

惟郢路之辽远兮，江与夏之不可涉。

通往郢城的路那么远啊，像长江和夏水那样没有尽头。

## 万古流芳

屈原已经是六十多岁的老人了。他满怀报国的壮志，却落个国破家亡的悲惨下场。他心力交瘁，老态龙钟，披头散发，沿着湘江向南走，边走边哭，边哭边诉，声声血泪。天地也像昏暗了，江水也像在呜咽。

一个打鱼的老翁见到屈原，问他："您不是三闾大夫吗？怎么落到如此悲惨的境地呀？"

屈原悲愤地说："国家要灭亡啦！我很悲伤。整个朝廷，一个个都是灵魂肮脏的家伙，只有我一个人干净；他们像酒鬼一样醉生梦死，只有我一个人头脑清醒。他们打击我，迫害我，弄得国破家亡，一切都完了！"

渔翁劝慰屈原说："您是个明白人，为什么要自讨苦吃呢？他们都很肮脏，您一个人干净，有什么用？随大溜算啦。"

"话不能这样说啊。"屈原说，"洗干净了头发，戴帽子也要掸(dǎn)一掸；洗干净了身子，穿衣服也要抖一抖。我宁肯跳进这江水里，也要保持一身的清白。"

屈原决心用自己的死来唤醒人民。就在这以后不久，他投进了汨罗江（湘江的支流）。当地百姓听说屈原跳江了，纷纷撑船下水搭救，但是没有找到他。人们担心鱼虾吞食屈原的尸体，往江里投了许多饭团子；又顺流而下继续打捞，一直找到很远的罗渊，才发现了屈原的遗体。

百姓们在汨罗山修建了屈原墓，竖起了"故楚三闾大夫之墓"的碑石；举行了隆重的葬礼以后，又在罗渊北岸建了屈原庙。据说屈原殉国的那天，是农历五月初五。为了纪念他，人们每到这一天，都要举行纪念活动，赛龙舟，把粽子投进江中。后来，这个风俗成为全国人民共同的习惯。

屈原是我国古代最早的伟大诗人，又是爱国者，人民永远怀念他。

# 李 白
(701—762)

李白，唐代伟大的浪漫主义诗人，在诗歌创作上的成就极高，被后世奉为"诗仙"。李白性情爽朗大方，爱好饮酒作诗，乐于交友，蔑视权贵，曾经得到唐玄宗的赏识，担任过翰林供奉。他的诗，以讴歌祖国山河风光和抒发内心情感为主，想象丰富，感情奔放，气魄雄伟，富有浪漫主义色彩。代表作有《望庐山瀑布》《行路难》《将进酒》等。

## 只要功夫深　铁棒磨成针

有一个流传很广的传说，是讲李白小时候的事。他曾经在昌隆县的象耳山中读书，有一天，读书遇到了难处时，屋外传来一阵欢笑声。李白走到窗前一看，原来是小伙伴在做游戏。他立刻丢下书，奔了出去。

春天里，野花满山，蜂飞蝶舞。李白一边采野花一边扑蝴蝶，来到一条小溪旁，看见一位满头白发的老奶奶正在溪边的石头上磨一根铁棒。他上前，好奇地问："您磨这个做什么呀？"

老奶奶头也不抬地回答说："做针哪。"

"做针？这么粗的铁棒怎么能磨成针呢？"李白惊讶地问。

"孩子，这铁棒虽然粗，可我今天磨明天

磨,一直磨下去,总有一天能磨成针的。"老奶奶说完,又埋头磨起来。

李白摸了摸脑袋想,老奶奶说得对啊!只要功夫深,铁棒磨成针。读书不也是这样吗?不下功夫,怎么能学到丰富的知识呢?于是,他立刻跑回家,读起书来。

## 离家远游

二十五岁的时候,李白已经成为一个多才多艺的人。他不仅能诗善文,而且会击剑骑马,还喜欢弹琴唱歌。他决心为国家干一番轰轰烈烈的事业,就对父亲说:"孩儿打算离家到外面去长长见识。"

"还是在家读读书,有机会找个事做吧,何必远离家乡外出呢?"父亲说。

李白满怀豪情地说:"大丈夫活在世上,

应该志在四方，胸怀天下，待在家乡怕是没法施展我的才能。出去以后，一来可以游历各地，结交名士；二来也可以寻找机会，辅助皇上。"

父亲听了，乐呵呵地笑着说："好，你既然有这样的抱负，那就出去闯闯吧！"

过了几天，李白告别父母，身佩宝剑，上路了。乘船沿着长江东下，过三峡的时候，江水湍急，船行如箭，李白站立船头，望着两岸的青山，心中非常激动。后来他写过好几首描写三峡风光的诗。

在漫游途中，李白还登上庐山，观望瀑布，写下了《望庐山瀑布》二首。其中一首是：

日照香炉生紫烟，遥看瀑布挂前川。
飞流直下三千尺，疑是银河落九天。

在李白的诗里，祖国山河多么壮美呀！他的诗自然又流畅，毫不造作，不愧是大诗人的手笔。

## 天上谪仙人

李白先后游历了长江中下游的一些地方，结识了不少知名人物，写下很多动人的诗篇。三十岁的时候，他到了京城长安。

长安是当时的政治和文化中心，十分繁华。李白在长安拜访了一些大官和名人，希望通过他们的推荐，得到朝廷的重用。但是他受到了冷遇，没有得到任用。李白的才能无法施展，心里很苦闷。

有一天，李白同一位朋友到紫极宫去游玩。刚进门，迎面碰到一位白胡子老人。朋友连忙给李白介绍说，这就是著名的诗人和书法家贺知章，当今太子的老师。

"后生李白，久闻大名，景仰得很！"李白兴奋地说。

贺知章也听说过李白的诗名，现在见这位年轻人仪表不凡，也十分欢喜，忙把李白带到一座酒楼上，打算和他饮酒畅谈，可当掏钱买酒的时候，才发现身上一文钱也没带。

于是，贺知章把衣带上的金龟解下来，交给侍者说："就用它换酒吧。"

"贺老，这是皇家按官级大小给的装饰品，怎么好去换酒呢？"李白劝阻说。

贺知章爽朗地大笑起来，说："这有何妨！老夫今天忘了带钱，没酒喝，哪能谈个痛快呢？"李白一摸身上，也没带钱，只好听从。

酒过三杯，贺知章问："太白君，近来不知有何诗作，可以让我看看吗？"

李白从怀里掏出一卷诗稿，说："这是我最近写的诗，请多指教。"

贺知章打开诗稿，抑扬顿挫地念道："《蜀道难》……"他边念，边不住点头称好。等到念完全篇，他激动地竖起大拇指，夸奖说："这诗气魄雄伟，真能惊天动地了。"

这时候，那位朋友对李白说："把你的那一首《乌栖曲》也念给贺老听听吧。"

"快念给我听听。"贺知章忙催促说。

李白站起身，从容地吟诵起来。等到李白念完了全诗，贺知章老泪纵横地说："这诗太凄惨了，鬼神听了也会哭啊！"

他仔细端详着李白，突然说道：

"你莫不是天上下凡的谪（zhé）仙人（意思是受到责罚降到人间来的仙人）吧，不然怎么能写出这么感人的诗呢？"

"谪仙人"是贺知章对李白的极高评价。人们读了李白的诗以后,都感到这个称赞非常确切,不少人就把李白称作"李谪仙"了。

## 有景道不得

李白没有受到朝廷的重用,就离开了长安,继续到各地漫游。一天,他和几个朋友来到武昌郊外的黄鹤楼。这座楼耸立在长江边的黄鹄矶(jī)上,结构精巧,气势雄伟,是有名的古迹。传说过去有位仙人曾经骑黄鹤从这儿经过,因此就被人们称为"黄鹤楼"。

李白他们登上黄鹤楼远眺,只见万里长江,滚滚东去;晴空下面,对岸的汉阳城历历在目;江中的鹦鹉洲,绿草如茵。大家望着这江山胜景,都觉得心旷神怡。

那时候,文人到名胜古迹游览,总喜欢在

墙上题诗；如果这诗写得好，那地方就会更加出名。于是，有人就请李白也写首诗留个纪念。

李白面对无限风光，诗兴大发，毫不推辞地拿起毛笔，走到墙壁前面。忽然，墙上有一首诗吸引了他：

昔人已乘黄鹤去，此地空余黄鹤楼。
黄鹤一去不复返，白云千载空悠悠。

诗下面的署名是崔颢（hào）。李白看完了这首诗，就放下了手中的笔。

"咦，李谪仙平时作诗，总是一挥而就，今天是怎么了？"大家都奇怪地问。

李白沉吟了一会儿，虽然也想到了不少好诗句，可总觉得没有崔颢的好，于是对朋友们说："眼前有景道不得，崔颢题诗在上头。"

这事一传开，大伙儿都称赞说："想不到李谪仙还这么谦虚呢！"

## 蔑视权贵

李白的名声越来越大，在他四十二岁那年，唐玄宗召李白来到长安，并叫他当了翰林供奉。这是个没什么实权的官。所以，李白辅助皇上治理国家的理想仍然不能实现。

当时，朝廷大权把持在宰相李林甫和宦官高力士等人手里。一些想升官发财的人，都变着法儿巴结他们。李白却打心眼儿里蔑视他们。

这天，李白心中烦闷，来到酒楼喝酒，喝得七八分醉了，忽然，宫中的梨园长（歌舞班子的负责人）李龟年跑进来说："李学士，皇上召你立刻进宫！"

原来，唐玄宗同杨贵妃在宫中的沉香亭里

观赏牡丹花,叫李龟年率领一群梨园子弟唱歌助兴。他们唱的是老词,唐玄宗听腻了,想起李白会作诗,就派人来叫他去写新歌词。李白听了,满不在乎地说:"几首歌词算什么!来,喝几杯再去!"

"不行不行!皇上和贵妃娘娘已经等候半天了!"李龟年急得满脸通红。

"皇上?我……我李白可是酒中仙人哪,我……我酒还没喝够哩!哈哈哈……"李白大笑着说。

李龟年看李白醉了,不由分说,命令同来的人架起李白就往外走。来到沉香亭,李白酒还没醒。唐玄宗见李白这个样子,倒也没怪罪他,让人给他喝了醒酒汤,扶他躺在了床上。

据说这时候,李白已经清醒了。他见高力士正在身边,想起他平时作威作福的样子,有意要杀杀他的威风。

"脱靴!"李白装作醉醺醺的神态,突然把脚朝高力士一伸。高力士一听,差点儿气歪了鼻子,正要发火,看见皇帝朝自己连连递眼色,只得忍气吞声地替李白脱下了靴子。

过了一会儿,李白爬起身来,向唐玄宗行礼请罪。唐玄宗没有生气,只是叫李白马上写出三章《清平调》的新歌词来。

李白想了一会儿,很快就写好了。李龟年谱上曲,演唱起来。唐玄宗亲自在一旁吹笛子伴奏。杨贵妃陶醉在悠扬动听的乐曲声中,高兴得眉飞色舞。从此,唐玄宗更加器重李白了。

可是,一帮权贵却恨死了李白。他们造谣诽谤,故意中伤李白。高力士还挑唆(suō)杨贵妃在唐玄宗跟前说李白坏话。

唐玄宗听信了他们的话,渐渐疏远了李白。

李白目睹朝廷如此腐败，也不愿在这儿再待下去，就上了一份奏章，请求辞去翰林供奉的职务。唐玄宗立刻批准了。李白身穿锦袍，骑着五花马，一会儿高声歌唱，一会儿纵情大笑，出了长安城门。

后来，李白在很多诗里都写了他宁愿过穷困生活，也不愿去巴结权贵的志气，如"安能摧眉折腰事权贵，使我不得开心颜！"

## 报国未成

755年，唐朝发生了安史之乱。叛军占领了洛阳以后，又西进长安。唐军抵挡不住叛军，唐玄宗只好逃出了京城。

叛军一路烧杀抢掠，害得百姓四处逃难。李白也避难到了南方。逃难途中，他见到处都是荒凉凄惨的景象，心中十分难过，挥笔写下了这样的诗句：

抚剑夜吟啸，雄心日千里。
誓欲斩鲸鲵（ní），澄清洛阳水。

在诗里，李白表达了自己为国平叛的愿望。不久，永王李璘（lín）奉唐玄宗的命令，率领军队东下，保卫长江。经过浔阳（在现在江西省）的时候，听说大诗人李白正在庐山，特地三次派人请他出山。李白来到李璘军中，做了一名谋士。他看到将士们个个斗志昂扬，深受鼓舞。在一次宴会上，李白激动地对众人说："四十年来，我一直没有机会报效国家，如今是我实现平生抱负的时候了。我要手执宝剑，亲斩叛贼。"

谁知道没过多久，李璘的哥哥李亨做了皇

帝，就是唐肃宗。他传令，要李璘带兵回蜀地去。李璘不肯听从，兄弟俩闹翻了，唐肃宗就调军队来攻打。

李白见平叛变成了兄弟相争，急忙离开了永王的军队。紧接着，李璘战败而死。所有在永王军中做过事的人，都被以谋反的罪名抓起来。李白也被关进了监狱，后来又被定成死罪。他本来一心报国，不想被卷进残酷的权力之争，只好自认倒霉。

大将郭子仪听说了这件事，赶快求见唐肃宗说："臣请求赦免李白。李白确实无心谋反，实在是受了欺骗。"郭子仪是平定安史之乱的大功臣，眼下正是唐肃宗用得着的人。听郭子仪这样说，唐肃宗心中虽然不乐意，可也没反对。"李白才华出众，留下来对国家有用。"郭子仪继续说。

唐肃宗这才开口道:"既然老帅这样求情,可免他一死,就改判流放夜郎(在现在贵州省)吧!"

这样,已经五十多岁的李白,又开始了流放的生活。一路上,他心情悲伤,很少写诗。还没到达夜郎,又传来皇帝大赦的消息,李白惊喜交加,随即乘舟东下江陵,写下了流传千古的《早发白帝城》:

朝辞白帝彩云间,千里江陵一日还。
两岸猿声啼不住,轻舟已过万重山。

他虽然获得了自由,可是须发已经变白了。

## 千秋万岁名

因为长期的漂泊生活和过量饮酒,李白成

了体弱多病的老人，只好去投靠在当涂（在现在安徽省）的亲友李阳冰。

秋天的一个早晨，李白起床以后，无意中瞧了镜子一眼，不禁大吃一惊，拿起镜子细照，只见镜中人非常憔悴衰老。

"唉！"李白深深地叹了一口气，有些悲伤地吟起诗来：

自笑镜中人，白发如霜草。
扪心空叹息，问影何枯槁？

九月九日重阳节，是个登高的节日。李白带病登上高坡，采来菊花饮酒。第二天，他又去采摘菊花，准备饮酒。只见菊花枝叶零落，不由见景生情，联想到自己一生所受的挫折和打击，又作了一首感伤的诗。

李白终于病倒了，不能外出。他让人扶他坐起来，拿过纸笔，用颤抖的手写下了"临终歌"三个字，又歇息了一会儿，才慢慢写起来。

不久，一代大诗人李白辞别了人世。

关于李白的死，民间流传着好几种说法。有人说他是醉酒去捞江中月而死，有人说他是在月下乘鲸上了青天。这些传说，表达了人们对李白的热爱。李白的诗对后代产生了深远的影响，为他赢得"千秋万岁名"。

# 杜 甫

(712—770)

杜甫,唐代伟大的现实主义诗人,在诗坛上的地位极高,被后世尊称为"诗圣",与李白合称"李杜"。他的一生正是唐朝由盛转衰的剧变时期,为躲避战乱,他漂泊辗转多地,经历了许多苦难,因此他的诗篇多反映当时的政治黑暗、社会动荡和人民疾苦,诗风沉郁顿挫,忧国忧民,他的诗被称为"诗史"。代表作有《茅屋为秋风所破歌》,"三吏""三别"等。

## 家 风

杜甫很小的时候,母亲就去世了。父亲要到外地去做官,就把他寄养到洛阳城里的姑母家。姑母是个善良有教养的人,对杜甫就像对自己的亲儿子一样,除了在生活上照看他,还经常给他说古道今。

有一天,杜甫又缠着姑母讲故事。姑母说:"咱们杜家出过许多名人,晋朝著名大将杜预就是我们的远祖。他打仗有勇有谋,为朝廷立过大功。百姓们还编歌谣称赞过他呢!"

"真了不起!"杜甫跷起大拇指称赞道。

"你爷爷(杜审言)是个有名的诗人,他写的诗,受到过皇上的奖赏,人们都夸他是个才子。"

这些故事给杜甫很大鼓舞。他刻苦读书,

好学苦练，七岁的时候，写出了自己的第一首诗《咏凤凰》。有一天，他把自己写的一篇文章拿给父亲看，正巧有两位客人来访。他们也很有兴致地看起来。

"如此佳作，就像出自班固、扬雄（都是汉朝著名的文学家）的手笔呀！"客人们看完后说。

从这以后，这两位客人经常向人们夸奖杜甫，还带他到精通音律的人家做客，听当时著名的宫廷乐师李龟年的绝妙音乐。这对他的影响很大。杜甫一生写诗都十分讲究技巧，反复推敲，"语不惊人死不休"。

## 诗坛佳话

杜甫二十岁那年，也和李白一样，去周游祖国各地。他离开洛阳，沿着运河，过了长江。

秀美的江南风光，丰富的文物古迹，开阔了杜甫的眼界。然后，他回到洛阳又北上，游览了齐赵（在现在山东省和河北省南部）大平原，登上了泰山。这两次漫游是杜甫一生中最如意的事。

有一年夏天，杜甫在洛阳会见了他慕名已久的大诗人李白。两个人志趣相投，一见如故，很快成为非常要好的朋友。

当时，李白受到权贵的排挤，刚离开长安，但"谪仙"的名声已经传遍全国；杜甫呢，在诗坛才初露头角。他们俩年龄相差也比较大，可是他们彼此都很敬重。

杜甫拿自己的诗给李白看，向他请教。李白读了《望岳》以后，赞赏地说："子美，你这首诗气魄不小，尤其'会当凌绝顶，一览众山小'两句，发人深省，不同凡响！"

"还是太白兄诗写得气势雄伟啊!"杜甫谦虚地说。

不久,李白到梁州(在现在河南省开封)、宋州(在现在河南省商丘)一带去了。随后,杜甫也如约赶到那里。秋天,他们同另一位诗人高适相遇,于是三个人一起寻访古迹,谈论时事,打猎游玩。

过了几天,高适到南方去了。杜甫和李白到了齐州(在现在山东省济南),随后又先后来到兖(yǎn)州。白天他们一起登临名胜,拜访隐士;晚上畅谈痛饮,谈诗论文,喝醉酒就共被酣睡,亲密得像兄弟一样。因此,杜甫用"醉眠秋共被,携手日同行"的诗句来形容他们的这段交往。李白也用"思君若汶水,浩荡寄南征"来表示自己对杜甫的思念之情,就像那浩浩荡荡的汶水奔流不止。这两位伟大诗人的友谊一直被传为我国诗坛上的佳话。

## 困居长安

杜甫三十五岁的时候来到长安。他想谋取一个官职,好实现自己改变世风、救济百姓的政治抱负。可这时候的唐王朝已经越来越腐败。唐玄宗贪图享乐,李林甫等奸臣当道,一些正直的贤能之士都不能被重用。杜甫在长安待了十年,不仅得不到官职,连生活也成了问题。

为了糊口,杜甫不得不低声下气地到王侯贵族府上周旋,以便从那儿得到一点施舍和帮助;有时候就到山野去采药或在屋前种些药草,拿到集市上去卖钱。官场上的失意和生活的穷困,使杜甫认识到社会的不公平。他开始关心人民的疾苦,思想感情发生了变化。

这一天,杜甫到郊外去采药,来到咸阳桥,

远远就听见一片震天的哭声,近前一看,只见一队队新兵腰挂弓箭战刀,向远方走去。他们的父母妻子前来送行,正在牵衣顿足,拦路痛哭。哭声和车轮滚动声、马嘶声响成一片,那情景真是凄惨极了。

"你们上哪里去啊?"杜甫问一个头发花白的老兵。

"上边疆打仗啊!"老兵回答。

"您这么大年纪了,怎么还叫您去呢?"

"唉,"老兵叹了口气说,"征兵征到我,没法子啊!听人说,有的十四五岁就被抓去当兵,到了四十多岁才能回来。我这一去,怕连老骨头都要葬在边疆了。家里还有几亩薄田,丢给老伴儿,哪能种好!租税却一项也不给减少,唉,没法活啊!"说着,老兵流下泪来。听了老兵的话,杜甫的两眼湿润了,心中充满了悲愤。当晚,他写下了名诗《兵车行》。在这首诗中,杜甫用生动的语言反映了百姓们的呼声,诉说了战乱给人民带来的痛苦。这是杜甫第一首为人民说话的诗。

## 千古名句

经过多年的奔走和努力,杜甫终于在四十四岁那年,被朝廷任命为一个管理军械器材的小官。在接受这个职务以后,他决定先到奉先(在现在陕西省蒲城)去看望一下久别的妻子儿女。

这一天半夜时分,杜甫从长安出发了。当时正是冬天,寒风凛冽,百草凋零,杜甫骑着驴慢慢走着,手指都冻僵了。忽然,他发现路边上躺着一个人,下去一看,原来是个冻饿而死的穷人。

杜甫同情地摇了摇头,又接着上路了。天亮的时候他经过骊(lí)山,隐约听见一阵阵悠扬的乐曲声,抬头一看,朱红色的华清宫门掩映在一片松柏丛中。杜甫知道,唐玄宗和杨贵妃每年冬天都要来这里避寒,这时候他们正在宫中享乐呢。

杜甫想:长安城里,大官们穿着皮衣裳,吃着山珍海味,举行歌舞饮宴,尽情享乐,家里的财物多得数不清,酒肉吃不了都放臭了。可是,多少穷人却吃不饱、穿不暖,甚至被活活饿死、冻死。这是多么不公平的世道啊!

到了家里,杜甫才知道他未满周岁的小儿子已经饿死了。他立刻又想起路上见到的情景。后来,他写了一首非常有名的诗《自京赴奉先县咏怀五百字》。诗中有这样不朽的名句:

朱门酒肉臭,路有冻死骨。

这两句诗,形象地表现了旧社会贫富悬殊的事实,千百年来一直为人们所传诵。

## 安史乱中

在祸国殃民的安史之乱中,杜甫带着妻子儿女,同老百姓一起逃难。白天他们采野果充饥,晚上露宿荒村,历经千辛万苦,好不容易逃到鄜(fū)州(在现在陕西省),在城北的羌村安了家。

有一天,杜甫对妻子说:"听说老皇上到蜀地去了,太子登了基,我打算到他那儿去为国效力。"

第二天凌晨,杜甫上路了。没走多远,就被叛军抓住。叛军把他押到长安,见他是个头发斑白的读书人,盘问了一番,又把他放了,但是不让他离开长安。

杜甫只能在长安流浪。不过几个月,这座雄伟的京城已经完全变了样。过去皇帝的宫殿和王侯的住所,有的成了一堆破砖碎瓦,有的住满了叛军。街上横七竖八地倒着尸体,不时有一队队叛军的骑兵耀武扬威地通过,扬起漫天尘雾。

杜甫亲眼看到这悲惨景象,为国家前途担忧。他在长安期间写下不少优秀的诗篇,《春望》就是其中一首:

> 国破山河在,城春草木深。
> 
> 感时花溅泪,恨别鸟惊心。
> 
> 烽火连三月,家书抵万金。
> 
> 白头搔更短,浑欲不胜簪(zān)。

有一天深夜，杜甫趁叛军不注意，偷偷地逃出了长安城。他穿密林，爬陡崖，专拣荒僻小路走，好不容易才到达当时唐朝政府所在地凤翔（在现在宁夏回族自治区灵武西北）。

新皇帝唐肃宗见他面容憔悴，衣衫破烂，脚上穿着麻鞋，被他的忠诚感动了，就委任他为"左拾遗"。这是个专门给皇帝提意见和建议的官职。但是没过多久，唐肃宗就觉得杜甫的话不中听，降了他的官，让他到华州（在现在陕西省）去做一名小官。

## "三吏"与"三别"

杜甫在华州的时候，唐军在外族的帮助下，击败了叛军的主力，收复了长安和洛阳，局势有所好转，但是叛军残部仍在各地作乱。相州（在现在河南省）一战，唐军被打得大败。为了补充军队,地方官吏派人乱抓壮丁,敲诈勒索,老百姓的日子更苦了。

有一天,杜甫从洛阳回华州,来到新安县(在现在河南省)的时候,正遇见官府在征兵,抓来的都是些未成年的少年,他们的母亲正在一旁哭得死去活来。

"怎么要这些孩子去当兵?"杜甫问官吏。

"我们县小,壮丁早抽完了。上头还催着要兵,没办法啊!"县吏说。

杜甫听了,难过得直摇头。过了新安往西,杜甫到了石壕村,在一个穷苦人家投宿。半夜,一阵急促的敲门声把他惊醒,原来是官吏来抓壮丁。这家的老大爷知道来抓人,连忙跳墙逃走了,老奶奶出去开的门。

"你家的男人哪里去了?"官吏喝问道。

"我的三个儿子都上前方去打仗了,家里

再没别的男人啦。"老奶奶哭着说。

"那该你家出的人怎么办?"官吏毫不留情地问。

"要是非出不可,就让我去吧!我老婆子虽说年老力衰,还能做饭。"

听了老奶奶的话,官吏们发了火,可他们看家中确实没人可抓了,就真把老奶奶带走了。

一路上,杜甫还看到许多悲惨的情景:一对青年夫妇刚结婚,男的就被抓去当兵了;一个白发苍苍的老人,儿子、孙子都战死了,他也被抓去当兵。老伴儿知道他这一去就回不来了,伤心地趴在路边上哭。一个打了败仗逃回来的士兵,回到村里的时候,只见房子周围长满了草,家里空荡荡的,亲人们死的死,逃的逃,一片荒凉景象。当他拿起锄头要去耕种荒地的时候,县吏又把他抓去打仗了。

杜甫怀着对人民的深切同情，把他的所见所闻写在六首诗中，那就是《新安吏》《潼关吏》《石壕吏》和《新婚别》《垂老别》《无家别》，简称"三吏""三别"。这六首诗深刻地反映出当时动乱不安的社会面貌，写得生动感人，是我国古典诗歌中的不朽杰作。

## 浣花溪畔

杜甫对朝廷越来越感到失望，终于在四十八岁那年，放弃了官职。经过一番颠沛流离，他到了那时候比较安定的蜀中（在现在四川省）谋生。

到成都以后，在亲友的资助下，他在城郊浣（huàn）花溪旁找了一块荒地，在那儿盖了几间茅屋。茅屋挺简陋，屋内也没多少摆设，但是杜甫很高兴，因为他过了多年东奔西走的穷困生活，现在总算有了一个安身的地方。

浣花溪常年流水，春夏季节还可以划船。溪边长着许多树木和一丛丛翠竹，树丛中只有稀稀落落的几户人家，风景十分优美。杜甫喜欢这里，写了不少描写自然风光的诗。

八月的一天傍晚，天边忽然出现了几片乌云，乌云渐渐扩大，不久遮住了半个天空，接着刮起一阵阵狂风。杜甫茅屋上的草被风吹得四散飞开，有的给吹到树上挂着，有的落到浣花溪里去了。风刚停，瓢泼似的大雨又落下来，直到天黑也没住。茅屋滴滴答答地到处漏雨，床上的被子也淋湿了。杜甫躺在床上，觉得被子冷得像铁似的，他从自己的遭遇联想到天下受苦的老百姓，心中充满悲愤，一夜没睡着。

第二天，他写了《茅屋为秋风所破歌》

这首诗。他沉痛地呐喊："安得广厦千万间，大庇天下寒士俱欢颜，风雨不动安如山！呜呼！何时眼前突兀见此屋？吾庐独破受冻死亦足！"这几句诗的大意是：怎么才能得到成千上万间大屋子，全都遮盖住天底下的穷人，使他们不怕风雨的侵袭而欢欢喜喜的呢？什么时候我眼前耸立起这样的屋子，即使我的住房破了，我受冻而死也心甘情愿。

这几句诗充分表现了诗人的人道主义精神和他爱人民的高贵品质，历来受到人们的称赞。

## 拆篱笆

过了一段时间，杜甫在成都的生活更困难了。他只能带领家人离开草堂，坐船沿长江东下。到了夔（kuí）州，杜甫得到朋友的帮助，总算在瀼（ráng）西草堂住了下来。

瀼西草堂前有几棵枣树,一到秋天就果实累累。有一天中午,杜甫听见有人轻声打枣,就推开屋门去看。树下站着一个满头白发的老妇人,手里拿着竹竿,惊慌地看着他。

杜甫见她骨瘦如柴,衣衫破烂,心里就明白了,忙安慰老妇人说:"尽管打吧,这树上的枣多。"

"谢谢大人了。"老妇人感动地说。

老妇人又打了一会儿枣,就住了手。杜甫关心地说:"坐下歇会儿吧,你的家在哪里?"

"就在西边不远。"

"家中还有什么人呢?"

"儿子去打仗战死了,老伴儿病死了,就剩下我一个人,家里实在没吃的了。要不,我哪会到你家来打枣呢?"老妇人说着哭起来。

杜甫只能同情地叹了一口气。老妇人临走

的时候，再三对杜甫表示感谢。

"以后只管放心来吧。"杜甫叮嘱说。

不久，为了照看田里的庄稼，杜甫临时住在东屯，把瀼西草堂借给了一位朋友。没过几天，他就听说那个朋友用篱笆围住了草堂。杜甫马上想起了那位老妇人，又是送信，又是送诗给朋友，告诉他拆了篱笆，好让那老妇人来打枣。朋友被杜甫的一片真情打动了，马上拆了篱笆。

几年以后，杜甫的身体越来越差，生活也越来越困苦。他只好四处漂泊，甚至还坐船在江上漂流。这不安定的生活，加重了他的病情。770年的冬天，伟大的诗人杜甫病死在了船上。

杜甫在艰难困苦的生活中，创作了大量诗歌。他的诗对中国文学的发展产生了积极影响。许多著名的诗人、民族英雄都从杜甫的诗歌中吸取了营养和力量。所以，四川成都的杜甫草堂内，就有"草堂留后世，诗圣著千秋"的题词。这是对诗人杜甫恰如其分的评价。

# 白居易

(772—846)

白居易,唐代中期影响极大的现实主义诗人,新乐府运动的主要倡导者。他创作的诗歌题材广泛,语言平易通俗,特别善于叙事,写下了不少反映人民疾苦的诗篇。白居易著作丰富,流传至今的诗有2800多首,在唐代诗人中居第一。代表作《卖炭翁》《琵琶行》《长恨歌》等得到了广泛流传,对后世影响深远。

## 长安米贵

白居易出身在一个读书人家庭,他很早就识字念书,五六岁开始学作诗,由于聪明好学,十几岁就写出了不少诗文。

十六岁那年,白居易来到京城长安,想在那儿谋求一个官职。当时,长安有位老诗人,叫顾况,名气很大,去求见他的人很多。可是顾况眼界高,对送来的诗文很少说一句称赞的话。

这天,白居易带着自己的诗稿,也去拜见顾况。见面以后,他送上诗稿。顾况见他面目清瘦,就有些看不起,又看见诗稿首页上写着"白居易"三个字,就笑了,说:"居易,居易,长安米很贵,在这儿居住下来可不容易啊!"白居易当时还小,不能完全明白这些话的意思,可他知道这是在拿自己的名字做文章，不禁满脸通红。

顾况漫不经心地打开诗稿。第一首诗是《赋得古原草送别》，才看几句，他就被吸引住了，只见上面写着：

离离原上草，一岁一枯荣。
野火烧不尽，春风吹又生。
远芳侵古道，晴翠接荒城。
又送王孙去，萋（qī）萋满别情。

"妙绝！妙绝！"顾况竟忍不住叫起来。他这才发现面前的这位少年确有才气，于是又笑盈盈地说："年轻人，既然你能写出这样的好诗，在长安居住也不难了！刚才老夫是同你开玩笑，可别见怪啊！"

从此，顾况逢人就夸奖白居易的诗。这样，白居易的名声很快传遍了长安城。

白居易学习是非常刻苦的。为了理解诗文的内容，他常常大声朗读，一读就是十遍百遍。因为读得太多了，他的口舌经常生疮。他还天天伏在桌子上写诗练字，时间长了，他的手肘都磨出了茧子。

## 南冈看割麦

经过十年的苦读，白居易终于通过科举考试，做了京城里的一名小官。因为他为人正直，说话直爽，得罪了朝廷，不久，白居易就被调出京城，到周至县（在现在陕西省）做县尉。

县尉是县令的助手，负责催租催税，维持地方治安。因为公事需要，他要经常到乡村去。这样，白居易了解到不少农民的疾苦。

五月的一天,白居易路过一个山村。这村子又穷又小,茅屋低矮,篱笆残破,只见得到妇女和孩子。他一打听才知道,村里的青壮年男子都在南边冈子上割麦。

白居易到了南边的冈子一看,那里的麦子黄澄澄的,把田埂都盖住了。这时候,头上烈日炎炎,脚下热气熏蒸,农夫弯腰割麦,一个个汗如雨下。

农家实在太辛苦啦!白居易心里想。

"哇,哇……"忽然传来一阵幼儿的哭声。白居易循着声音望去,在一块割过的麦田里,有个衣衫破烂的女人,带着个面黄肌瘦的孩子,拾着地上的麦穗。听见孩子哭了,她只是"噢,噢"地哄着,仍然不停地拾着麦穗。孩子哭得越发厉害了。

"你怎么带孩子来拾麦穗呢?"白居易走

到女人跟前问。

"没办法,得活命啊!"女人叹着气说。

"难道靠拾麦穗过日子吗?"白居易问。

那女人悲伤地诉说起来。早先她家也有两亩薄田,靠她丈夫耕种。由于年成不好,租税又重,只得把田卖了。没想到,头些日子她丈夫又病死了,剩下孤儿寡母,只得来拾麦穗充饥。

晚上,白居易想起白天的见闻,写下一首《观刈(yì,割)麦》,表达自己对劳苦农民的同情。

## 写《长恨歌》

有一天清晨,白居易和朋友王质夫、陈鸿来到终南山下的仙游寺。他们在寺边的仙游潭前,摆上酒菜,三人对坐,饮起酒来。三人一边喝酒一边闲谈,从当今讲到过去,从考试谈到对诗歌创作的主张,越谈兴致越高。忽然,白居易长叹一声说:"前朝皇帝(指唐玄宗)和杨贵妃娘娘的故事,可真叫人又怜又恨。"

"是啊,这事连老百姓都知道,只是还未见史书记载呢!"陈鸿感慨地说。

听了陈鸿的话,王质夫沉思了一会儿,举杯对白居易说道:"此等奇事,只有才思高绝的人才能记下,就请白兄来做吧。"

"对!"陈鸿满口赞成说,"白兄能以诗咏史(用诗的方式叙述历史事件),以诗论事,以诗抒情,如果动笔,定能成功。"

"小弟极愿一试。"白居易爽快地说。

"这样吧,白兄写诗,我作文,同叙一事,好不好?"陈鸿也自告奋勇地说。

"我们一言为定了。"白居易高兴地举起

杯来。当晚,他们就住在仙游寺里。

白居易一夜没有合眼,写出了一篇优美动人的叙事长诗。因这诗末的两句是:"天长地久有时尽,此恨绵绵无绝期。"他就从这两句中各取一字,题名为《长恨歌》。

天亮了以后,王质夫和陈鸿来见白居易,看了他写的《长恨歌》以后,赞不绝口。到了中午,陈鸿用散文的笔法,也把唐玄宗和杨贵妃的故事叙述了一遍,题名为《长恨歌传》。

## 卖炭翁

几年后,白居易被提拔到京城做谏官,主要是评议朝政、规劝皇帝。其间他听过这样一件事情。

终南山下有个卖炭的老人,长年累月地伐木烧炭来卖,却还是养不活一家老小。有一个严寒的早晨，老人赶着牛车，拉着一车炭，到长安城去卖。

来到南门外，太阳已经老高了。这时候，牛累了，老人也饿了，就歇了下来。忽然远远地来了两个骑快马的人，一个穿黄衣，一个穿白衣，原来是皇宫里的宦官。那两个人来到老人跟前，拿出一张黄纸文书，晃了一下说："这车炭皇上买下了。快快！送到皇宫里去！"

老人不敢违抗，只好去送。卸完了炭，宦官在牛角上系了一丈长的红绸子，就算是付过炭钱了。在赶车回家的路上，老人哭诉起来："天哪，一车炭一千多斤，难道只值这点儿钱？这绸子都朽了，我拿它有什么用呢？"

这就是当时所说的"宫市"。宦官为皇宫买东西，说是买，实际上不给钱，只拿些宫中的破烂东西去交换，跟抢一样。

听完了这件事，白居易心中格外愤慨。他奋笔疾书，写下了《卖炭翁》这首名诗。开头几句是：

卖炭翁，伐薪烧炭南山中。满面尘灰烟火色，两鬓苍苍十指黑。卖炭得钱何所营？身上衣裳口中食。

除这首诗外，白居易在长安还写了几十首真实反映现实的优秀诗篇，如有名的组诗《秦中吟》和《新乐府》。这些诗，题材广泛，有描写人民疾苦的，有揭露统治者的残暴和荒淫的，还有反映妇女悲惨命运的。

白居易写这些诗，是希望皇帝读诗后能体谅民情，改革弊政。所以白居易把这类诗叫作"讽喻诗"。这些诗的确使一些权贵感到害怕和不安,而百姓们却争着传抄、诵咏。

## 浔阳江畔

白居易四十四岁那年,受权贵排挤,被贬官到江州(在现在江西省)当司马。司马是个闲官,没多少事可干。白居易为了排遣胸中的苦闷,就探访名胜,饮酒写诗,还在景色宜人的香炉峰下盖了一座茅屋,准备以后在这里过隐居的生活。

一个深秋的夜晚,白居易到浔阳江头去送别一位朋友。将要分手的时候,忽然听到一条船上传出一阵琵琶声。声音是那么凄楚动人,白居易和友人都被吸引住了。他们把船划向江中,等靠近了那条船以后,白居易高声说道:"是哪位高手在弹奏啊?请过来相见。"

等了一会儿,才出来一个女人,看上去有

四十多岁,她羞怯地用琵琶半遮住脸,向白居易和他的朋友行了礼。

白居易还了礼,请她弹奏一曲。

"大人,献丑了!"那女人调了调弦,接着弹了起来。随着她灵巧手指的动作,那饱含情感的声音便倾泻出来,时而如一阵急雨,时而像窃窃私语,有时像"大珠小珠落玉盘"那样清脆,有时像花间黄莺鸣叫那样婉转。当暂停的一刹那,真是"此时无声胜有声"。

"弹得太好了!"白居易连声赞叹。

从闲谈中,白居易了解到这个女人的身世。原来她年轻的时候是长安的一个乐伎,因为才貌双全,王孙公子都喜欢她。后来年老貌衰,王孙公子就不理她了。她嫁给一个商人。商人经常外出,一去几个月不回来,她只得独守空船,过着孤苦寂寞的生活。听了女人的叙述,白居易联想到自己的遭遇，因为仗义执言，遭受打击，被放逐到江州这个偏僻地方来了。这同那女人的身世不是有相似之处吗？

白居易又请她弹了一首，曲调更加悲凉，白居易哭得衣衫都打湿了。

事后，白居易写了一首充满真情实感的长篇叙事诗《琵琶行》，表达了对受压迫人民的同情。这首诗语言优美，描写生动，同他写的另一首长篇叙事诗《长恨歌》一样，都是我国古代诗歌中的杰作。

## 晚　年

白居易很关心人民的疾苦。他在杭州做刺史的时候，为了广造良田，在西湖修了一条长堤，后来人们就叫它"白公堤"。

到了晚年，白居易回到洛阳，挂了一个虚

职。这时候，他对政事已经十分冷淡。但是，对人民的疾苦，他还是很关心。

有一年冬天，七十多岁的白居易搬到洛阳附近的香山寺内住下来。一连几个晚上，他都听到了从远处传来的凄惨哭叫声。白居易就带了家人，冒着风雪去察看。

原来，有很多船工站在冰冷的河水中，在伊河的八节滩上，用力拖顺流而下的船，好减慢船速，避免触礁。一位老船工耐不住寒冷倒下了，顿时船毁人伤，河滩上响起一片哭叫声。

"你们为什么非要走这险滩呢？"白居易大声问船工。

"没有别的水路通洛阳啊！"船工回答。

从八节滩回来以后，白居易就四处游说，请人出钱，召集民工疏通了伊河河道。从此以后，过路的船队可以顺流而下，不用担心船毁

人伤了。为了纪念这件事,白居易写了《开龙门八节石滩》的诗,刻在河边的巨石上。其中几句是:

> 七十三翁旦暮身,誓开险路作通津。
> 夜舟过此无倾覆,朝胫从今免苦辛。
> ............
> 我身虽殁心长在,暗施慈悲与后人。

两年后,诗人白居易与世长辞了。

# 苏 轼
（1037—1101）

苏轼，号东坡居士，北宋中期文坛领袖，在诗、词、文、书等方面均有很高的造诣。他的诗，题材广泛、内蕴深厚，与黄庭坚并称"苏黄"；他的词，奔放豪迈，与辛弃疾同为豪放派代表，并称"苏辛"；他的文章，气势雄放，语言平易，与父亲苏洵、弟弟苏辙，一同位列"唐宋散文八大家"；他擅长书法，与黄庭坚、米芾（fú）、蔡襄合称"宋四家"。苏轼一生坎坷，受尽颠沛流离之苦，但他乐观旷达的人生态度为后世历代文人景仰。

## 从小立志

北宋年间,在眉州这个地方,住着一户姓苏的人家。苏家有个儿子叫苏洵(xún),从小不喜欢读书,整天东游西逛。等到他长大了,就娶了程家的女儿做妻子。

苏洵结婚以后,还像从前一样,整天吃饱了饭不干事。他的妻子是个有文化、有见识的人,经常劝苏洵说:"大丈夫一生要读书做学问,干一番事业,怎能虚度光阴呢?"

"唉,读书是少年的事,我可是有家的人了。"苏洵灰心地说。

妻子却说:"难道你没听人讲过,人到老年再开始读书都不算晚,何况你现在还不到三十岁呢?"

"就照你说的试试吧。"苏洵半信半疑。

从此，苏洵开始认真读书，没过多久，学问果然有了长进。这时候，苏洵得了一个儿子，给他取名叫苏轼。过了三年，苏轼又有了弟弟苏辙。

为了做学问，苏洵离家去游学，妻子一个人挑起了养育儿子的担子。平日里，除了照顾两兄弟的饮食起居，她还会与苏轼、苏辙一起读历史故事。

有一次，他们读到了东汉名臣范滂舍生取义的故事。母子三人都被范滂正义凛然、视死如归的精神深深触动了。

突然，年仅十岁的苏轼站起来说："母亲，我如果要做范滂那样的人，您会同意吗？"

母亲用异常坚定的眼神看着他说："如果你能做范滂，难道我就不能做范滂的母亲吗？"

在母亲的言传身教下，苏轼从小就树立了远大的志向。

## "三苏"

苏洵外出游学回来，见儿子已长大成才，决定带他们去京城，参加秋天举行的科举考试。

经过两个月的跋涉，苏洵父子才到达京城汴梁。秋天的科举考试是初试，苏家兄弟俩一考就考中了。接着，他们又参加第二年正月举行的大考。苏轼和苏辙又都考取，并被皇上选为进士（通过殿试的人），一下成了京城里的名人。

苏洵见两个儿子都中了榜，心里乐陶陶的，不由也想试试自己的才能。他去拜访主考官欧阳修，献上自己精心构思、修改多遍的文章。

欧阳修看完苏洵的文章，连声称赞说："天

下少有的好文章！立意高深，说理透彻，结构严谨，确有荀子之风。"

于是，欧阳修把苏洵的文章上奏给朝廷，皇帝看了以后，也满口称赞。这样一来，苏洵的名声也震动了京城，读书人都争先恐后地传诵他的文章。

因为苏洵、苏轼、苏辙三人的文章都写得好，人们就把他们并称为"三苏"。后来，人们把在唐、宋两朝出现的八个著名散文作家称作"唐宋八大家"。"三苏"就是其中的三家。

按照朝廷惯例，考中进士的人都被授予官职。正在苏轼、苏辙等待授官的时候，家乡传来坏消息，盼子成名的母亲去世了。想到还没把成功的喜讯传回家，父子三人抱头痛哭一场，匆匆收拾行装，回家奔丧去了。

## 乌台诗案

转眼三年过去了，苏轼、苏辙为母亲守完了孝，父亲又带着他们再次来到京城。这回，他们都被封了官。

皇帝宋神宗为了改变宋朝国弱民穷的局面，任用主张改革的王安石为宰相，实行"变法"，推行"新政"。苏轼虽然也主张改革，可在政治上比较保守。他上书皇帝，反对"新政"，这下惹恼了宋神宗。苏轼被调出京城后，先后在杭州、密州、徐州做官。

1079年，苏轼调任湖州知州。有一天，他正在州府办公。突然，闯进来一名朝廷官吏，还带着两个狱卒。那官吏往大堂上一坐，铁青着脸，吼道："苏轼，御史中丞传你即刻进京。"

苏轼一惊：御史中丞！那可是专管监察和

检举罪状的官吏，他传自己进京必有祸事了。他想了一下说："小官平日得罪朝廷之处甚多，此去必定赐死。死倒不怕，只请您允许我同家人告别一下。"

"不行，马上起程。"官吏毫不留情地说。

在狱卒押解下，苏轼只得跟着那官吏上了路。一到京城，他就被关进了监狱。

原来自从宋神宗采用新政以后，朝廷里分成赞成和反对两派。因为新政在推行过程中产生了一些毛病，苏轼在写诗文的时候，就流露出对新政不满的情绪。有些别有用心的人就给他扣了个"诽谤朝政，讥刺圣上"的罪名，企图通过给他治罪来打击反对派。

在狱中，苏轼日夜受审，受尽折磨。御史们从他的诗文中断章取义，乱加解释，想把他判成死罪。

苏轼知道这次被抓凶多吉少，就写了两首诗，表明自己对皇上的忠心。他托好心的狱卒把诗带给了弟弟。后来，有人又把诗送到宋神宗那里。

这天晚上，苏轼正要睡觉。忽然牢门打开，有两个人走进来，倒地就睡。苏轼不在意，合上眼睛也睡了。天快亮的时候，他忽然被人推醒。

"恭喜！苏学士。"有人大声说。

"我哪有喜可贺呀？"苏轼迷迷糊糊地问，转过身子又睡着了。

原来，宋神宗看了苏轼的诗，挺受感动，就派了那两个人到狱中察看苏轼的表现。那两个人回去后，把苏轼在牢里的情况都说了。宋神宗听完后，对身旁的大臣们说："朕就知道苏轼无叛心，才会这样坦然睡觉。"

这时候，苏轼的弟弟苏辙给皇帝上书，请求降自己的职为兄长赎罪。苏轼的门生（学生）和朋友们也多方设法营救。后来，连宋神宗的祖母太皇太后也为苏轼说话了，苏轼才被释放出狱。

御史台这次立案审查的诗共一百多首，受株连的官员有几十个。因为御史台又叫乌台，所以人们把它叫"乌台诗案"。

## 东坡居士

苏轼出狱后，又被贬到黄州（在现在湖北省黄冈）当团练副使。名义上还是个官，实际同罪犯差不多，不仅无权处理公务，行动上还要受到监视和限制。

当时，苏轼的薪俸很少，生活挺困难。他就率领家人开垦了几亩荒地，种上稻、麦、蔬菜，还养了一头牛。

这种处境使他想起了白居易。当年，白居易贬官到忠州以后，曾在城东坡栽花种树，还写了不少以"东坡"为题材的诗。现在自己贬官黄州，耕作和居住的地方也在山坡东面。于是他给自己取了个别号，叫"东坡居士"。这个称号很快叫开来，后来，人们都尊敬地称他为"苏东坡"。

苏轼性格开朗，虽然身处逆境，可非常乐观。耕作以外，他以读书、赋诗、作画为乐。遇有亲朋好友来访，苏轼格外高兴，不是一起饮酒赋诗，就是一同去游览风景，寄情于山水之间。

黄州附近有个叫赤壁矶的地方，传说三国时代有名的赤壁之战就是在这一带进行的。苏轼对赤壁矶十分向往。

七月的一个晚上,苏轼约了两位朋友,乘船来到赤壁矶游玩。他站在船头,放眼观赏周围的风光。两岸山峰壁立,如刀削斧砍一般,异常险峻;汹涌的波涛拍打着江岸,浪花飞溅,好像卷起千万堆白雪;江风呼啸着,似有千军万马杀来。这雄伟壮丽的景色简直把苏轼迷住了。

"多么壮丽的景象啊!这不就是人们所说的东汉末年周瑜等英雄以弱胜强、创功立业的地方吗?"苏轼不由得失声赞叹。

他好像置身在当年的历史画卷里。遥想当年,曹操率领八十万大军气势汹汹前来进攻的时候,周瑜从容指挥,一把火就把曹军打得大败。这真是盖世英雄啊!他又联想到自己,已经四十七岁了,两鬓过早地斑白,可报效国家的愿望却难以实现。想起这些,他心中不免有些伤感。

月亮升起来了，但见江水滔滔，月色溶溶，一轮明月映照在水中，水天成为一色。苏轼一边看着，一边同朋友谈天说地，胸中的豪情更加奔放。他举起一杯酒，慢慢地洒到江中，说道："江中明月，我这里给您敬酒了！"

不久，苏轼写出了《赤壁赋》，还填了一首《念奴娇·赤壁怀古》的新词。词中，苏轼借怀念古代的英雄豪杰，抒发了自己壮志难酬的心情。这首词写得豪迈奔放，意境深远，艺术性很高。它突破了过去词专写男女恋情、离愁别绪的旧框子，给词的发展开辟了广阔的道路，创立了中国文学史上的豪放词派。

大家都知道苏轼为人开朗，词写得豪放。有一次，苏轼问一个要好的朋友："我的词同柳永（北宋著名词人）相比，怎么样？"

"大不一样。"朋友想了想说,"柳永的词,要年轻女子手拿红牙板,唱'杨柳岸,晓风残月'。学士的词,就要关西大汉手敲铁板,唱'大江东去'。"

"说得有理,有理!"苏轼哈哈大笑。

《念奴娇·赤壁怀古》的前几句是:

大江东去,浪淘尽,千古风流人物。故垒西边,人道是,三国周郎赤壁。乱石穿空,惊涛拍岸,卷起千堆雪。江山如画,一时多少豪杰。

## 换羊书

后来,苏轼被召回京城,当了负责起草诏书的官。这时候,他已经在诗词、散文、书法、绘画艺术上创作了大量作品,名扬全国。在京城的大街小巷里,艺人们都把苏轼写的词谱上曲传唱。人们都以学他为荣。苏轼喜欢戴高筒短檐帽,大家见了,也争着戴这样的帽子,后来索性叫它"子瞻帽",又叫"东坡巾"。

有一天,苏轼的学生黄庭坚来见老师。一进门,他就对苏轼说:"先生还不知道吧?您的书法可以称为'换羊书'了。"

"有这样的事情?"苏轼有些吃惊地问。

黄庭坚笑着说:"有个叫韩宗儒的小臣,特别贪吃。他每次得到您的字迹后,都拿到店铺去换几斤羊肉吃。所以我说先生的书法是'换羊书'。"

苏轼听了恍然大悟,也笑起来。过了不久,苏轼正在翰林院里办公,来了一个人,送上一封信。他打开一看,正是韩宗儒写来的,信里并没有说什么事,只是请苏轼千万给他回信,写上几句话。

苏轼一下猜到了他的用意,把信放到一边,继续做自己的事。

"苏学士,韩大人还等您的回信呢。"来人提醒说。

"他这信上没说什么事,我也没什么话要说,回什么信呢?"苏轼装作奇怪地反问。

"主人要我一定讨回信,没有回信可怎么交代呀!"来人为难地说。

"好交代,你就对他说,今天没有杀羊,所以,我也不用给他回信了。"苏轼直爽地回答。

韩宗儒耍的小花招被苏轼识破以后,再也找不到机会用苏轼的字迹换羊肉吃了。

苏轼的书法非常好,被排在宋代四大书法名家第一位,他同黄庭坚、米芾、蔡襄并称为"苏黄米蔡"。

## 两到杭州

山水萦绕的杭州,是苏轼十分喜爱的地方。他曾经两次到杭州做官,在那里写下了许多优秀的诗文,还为人民做了许多好事。

第一次到杭州的时候,苏轼经常在秀美的西湖风景中流连忘返。那时候正是冬天,隆冬中的西湖在他的笔下是:

天欲雪,云满湖,楼台明灭山有无。
水清出石鱼可数,林深无人鸟相呼。

夏天,苏轼和友人到湖边饮酒,雨过天晴,水光摇荡。他又挥笔写下了流传千古的名诗:

水光潋(liàn)滟(yàn)晴方好,山色空蒙雨亦奇。

欲把西湖比西子，淡妆浓抹总相宜。

十几年以后，苏轼到杭州当太守，有了权力。他故地重游，又写了不少描写杭州山水的诗文。不过，这次他把主要精力放在为百姓做好事上了。

苏轼看到西湖一半的湖面都被淤塞了，就征集民工来疏浚（jùn）。他还想出了一个好办法，用挖出的淤泥筑起一道连接南北的长堤，又在堤上造了六座桥。

治理好的西湖，碧波千顷。一到春天，桃红柳绿，六桥倒映水中，更添西湖媚色。

苏轼还疏浚了大运河，使航运不通的浊流变成舟船相连的碧流。因为苏轼为人们做了这些好事，杭州百姓家中都挂起了苏太守的像，吃饭之前，都要向他祝颂。

任期一满，苏轼离开了杭州。新任太守根据百姓的要求，把湖中的长堤定名为"苏公堤"，简称"苏堤"。后来，清朝皇帝亲自题名的"西湖十景"中，把"苏堤春晓"列为第一景。

## 一贬再贬

苏轼虽官居高位，却改不了心直口快的脾气，遇到不平事，就要批评。这就引起朝中一些大臣的嫉恨，他们经常写奏折，向皇上诬告苏轼和他的学生。开始，当权的皇太后信任苏轼，并不给他治罪。后来，皇太后去世了，宋哲宗正式掌权，他轻信谣言，接二连三地传下命令，贬去苏轼的官职。

苏轼倒了霉，被一贬再贬，从北方贬到了

南方的海南岛。他到了海南岛的儋（dān）州以后，连个安身的地方都没有，只好打着伞在树下过夜。

后来，在当地黎族人的帮助下，苏轼才盖起了几间茅屋。他像在黄州一样，到地里去干农活。闲的时候，就去黎族朋友家喝酒聊天。

有一天，苏轼带着酒壶去访友，喝得半醉才回家。走到半路遇上雨，就到路旁的农家去避雨。等到天将晚，雨才小。苏轼穿戴主人的斗笠、木屐出来。走着走着，他迷了路。正在这时候，一个放牛娃过来问："坡翁（对苏轼的敬称），你迷路了吧？"

"是啊，小哥哥。"苏轼高兴地说。

放牛娃用手指指地上的牛屎，又指指前面的牛栏说："您的家在牛栏西边，顺着这牛屎路往前走，过去这几个牛栏，就到家啦。"

苏轼顺着牛屎路,果然找到了自己的家。于是,他写了首诗记录这件事。

几年以后,苏轼才得到朝廷指示,让他可以自由居住。这时候,他已是六十多岁的老人了。

## 一代大文豪

苏轼要离开海南了,当地的百姓都带着自家的酒菜,到海边为他送行。苏轼挥泪饮酒,告别了众人,踏上北归的路程。

当时被贬官南迁的人,很少有人活着回来。所以,苏轼在海南的时候,天下就传遍他已死的消息。这次,苏轼能够活着北归,确实是九死一生。

苏轼决定到常州定居。常州百姓听说天下闻名的苏东坡来了,都争着去运河边观望。那天，一条小船沿着运河缓缓而来，苏轼戴着一顶小帽，披着一件短袖衣，坐在船上。两岸站着成千上万的人，他们一边目睹苏轼的风采，一边随着他坐的小船行走。

苏轼瞧着围观的人群，十分感动，风趣地对身边的人说："这么多人看我，不要把我看死了呀！"

从海南到常州，穿山过水，道路很难走。苏轼用了一年时间才走到。由于旅途劳累，路上受了暑热，他病倒了。到了常州以后，苏轼的病情日益加重。不久，他就与世长辞了。

这个消息一传出，百姓们都很难过。尤其是杭州等地的百姓，想到他做过的好事，都站在街上痛哭。

苏轼是一位杰出的政治家，更是伟大的文学家和艺术家。他一生在诗、词、散文、书法、绘画上取得了很大成就。苏轼的作品在中国和世界都有广泛深远的影响，被人称为"一代大文豪"。